그림으로 보는
고구려 역사 2

글 | 이흔

한국외국어대학교에서 영어교육학을 공부했습니다. 우리 역사와 전통 문화를 좋아하여 이에 관한
어린이책을 기획하며 글을 쓰고 있습니다. 지은 책으로는 《또복이와 덤벙이의 집짓기》
《사람 마을에 온 늑대 소년》《우리말 우리글》《웅진 지식그림책 박물관》 등이 있습니다.

그림 | 이우창

서울에서 태어나, 홍익대학교 판화과를 졸업했습니다. 그린 책으로 《내 친구 고양이》《난 이대로가 좋아》
《중국을 물리친 고구려 성》 등이 있고, 지금도 꾸준히 어린이책에 그림을 그리고 있습니다.
이 책의 그림을 그리면서 우리 역사상 대외적으로 가장 많은 힘을 뻗쳤던 고구려가 우리의 선조라는 사실을
보여 주고 싶었습니다. 고구려의 강인함은 자랑스럽고 친근감도 갖게 합니다. 이러한 모습을 보여 주기
위해 구도를 역동적으로 잡고, 당시 사람들에 대한 친근감을 느끼게 하기 위해 지금 우리의 모습과 닮게
그리려고 하였습니다.

감수 | 김영심

서울대학교 국사학과를 졸업하고, 같은 학교 대학원에서 한국 고대사를 전공하여 박사 학위를 받았습니다.
한국학중앙연구원, 서울대 규장각을 거쳐 지금은 가톨릭대학교 교양교육원 교수로 있습니다. 지은 책으로는
《한강에서 일어난 백제》《백제의 지방통치》(공저)《고대 동아세아와 백제》(공저) 등이 있습니다.

그림으로 보는
고구려 역사 2

글 이흔 | 그림 이우창

여원미디어

차 례

동북아시아의 강한 나라 고구려

정복 전쟁에 나선 광개토 대왕 10

요동 벌판의 주인이 되다 12

외교로 나라를 안정시킨 장수왕 14

남쪽으로 영토를 넓히다 16

흔들리는 고구려

권력 다툼으로 나라가 흔들리다 18

한강 유역을 빼앗기다 20

안정을 되찾고 전쟁 준비를 하다 22

수나라의 침략 24

살수에서 큰 승리를 거두다 26

역사로 남은 고구려

천리장성을 쌓아라! 28

연개소문이 권력을 독차지하다 30

고구려를 지켜 낸 안시성 전투 32

평양성이 열리다 34

고구려를 되살리자! 36

■ 고구려 역사 연표 38

동북아시아의 강한 나라 고구려

정복 전쟁에 나선 광개토 대왕

391년* 광개토 대왕은 열여덟 살의 나이에 임금이 되어 힘차게 정복 전쟁에 나섰습니다. 4만 군사를 이끌고 백제를 공격해 열 개의 성을 빼앗고, 백제의 북쪽 국경을 지키는 관미성마저 손에 넣었습니다. 광개토 대왕은 조금도 고삐를 늦추지 않았습니다. 396년 백제 도읍인 한성 가까이 쳐들어가 아신왕의 항복을 받아 내고, 한강 북쪽을 고구려 땅으로 만들었지요. 백제는 왜의 도움까지 받아 가며 안간힘을 썼지만 고구려 군사들의 발길을 막지 못하였습니다.

*《삼국사기》에는 392년으로 기록되어 있으나, 장수왕 대에 만들어진 광개토왕릉비에 391년으로 기록되어 있어 이에 따랐습니다.

위풍당당한 고구려의 군대
전쟁에서 승리한 고구려 군사들이 행진을 벌이고 있어요. 싸움터에 나간 고구려 군사들은 날쌔고 용맹하여 걸음걸이가 마치 달음박질하는 것 같았답니다.

요동 벌판의 주인이 되다

광개토 대왕은 다시 북쪽으로 눈을 돌렸습니다. 고구려 북쪽에서는 후연이라는 나라가 일어나 고구려 땅을 엿보고 있었지요. 광개토 대왕은 잘 훈련된 철갑 기병*을 앞세워 후연을 굴복시켰습니다. 요동 땅을 차지한 고구려군은 랴오허 강을 건너 요서 지방까지 나아갔습니다. 광개토 대왕은 413년에 세상을 떠날 때까지 끊임없이 정복 전쟁을 펼쳐 고구려의 영토를 크게 넓혔습니다.
고구려는 이제 어느 누구도 넘볼 수 없는 힘센 나라가 되었습니다.

***철갑 기병** _ 온몸을 갑옷으로 감싸고 쇠로 만든 투구를 써서 중무장했고, 말도 투구와 갑옷을 입혀 뛰어난 공격력을 지니도록 했습니다.

새 도읍 평양의 대성산성과 안학궁

대동강 북쪽에 터를 잡고 왕이 사는 궁궐, 벼슬아치가 일하는 관청, 백성들이 살 집을 지었어요. 대성산성과 안학궁을 함께 지어, 평상시에는 안학궁에서 지내다가 적군이 쳐들어오면 대성산성으로 들어가 싸웠답니다.

대성산성

안학궁

외교로 나라를 안정시킨 장수왕

광개토 대왕의 뒤를 이은 장수왕은 광활한 고구려 땅을 잘 다스렸습니다.
중국 북쪽의 북위, 남쪽의 송, 몽골 고원의 유연 사이를 오가며 여러 나라와
잘 지냈습니다. 어떤 때는 다른 나라와 가까이 지내며 북위를 경계하다가도,
북위의 힘이 다시 커지면 얼른 사신을 보내 큰 싸움을 막았습니다.
이런 외교 정책 덕분에 힘들여 싸우지 않고도 나라를 지킬 수 있었답니다.
이제 장수왕은 더 이상 북쪽 땅을 넘보지 않고 남쪽으로 눈을 돌렸습니다.
427년 평양으로 도읍을 옮기고, 백제와 신라를 칠 준비를 마쳤지요.

남쪽으로 영토를 넓히다

고구려가 남쪽으로 내려오자 백제와 신라는 두려웠습니다. 두 나라는 재빨리
동맹을 맺고, 고구려가 쳐들어오면 서로 돕자는 약속을 하였지요.
그러나 끝내 고구려의 진출을 막아 내지 못하였습니다.
475년 장수왕은 군사를 이끌고 위례성으로 쳐들어갔습니다. 공격한 지 7일 만에
위례성을 빼앗고 개로왕을 사로잡아 죽였지요. 고구려는 이제 한강 유역의
새 주인이 되었습니다. 한강 유역은 땅이 기름지고
중국을 오가기도 편리한 곳이어서,
삼국이 서로 차지하려 했지요.

한강 유역을 지키는 고구려의 요새
고구려가 한강 유역을 차지하고 난 뒤, 위례성 동쪽의 아차산에 지은
보루입니다. 군사들이 머물며 적이 쳐들어오는 것을 막는 곳이에요.
병사들이 지내는 막사, 물을 담아 두는 저장고, 무기를 만들고 고치는
대장간 등이 있고, 막사 안을 따뜻하게 하는 온돌 장치도 있었답니다.

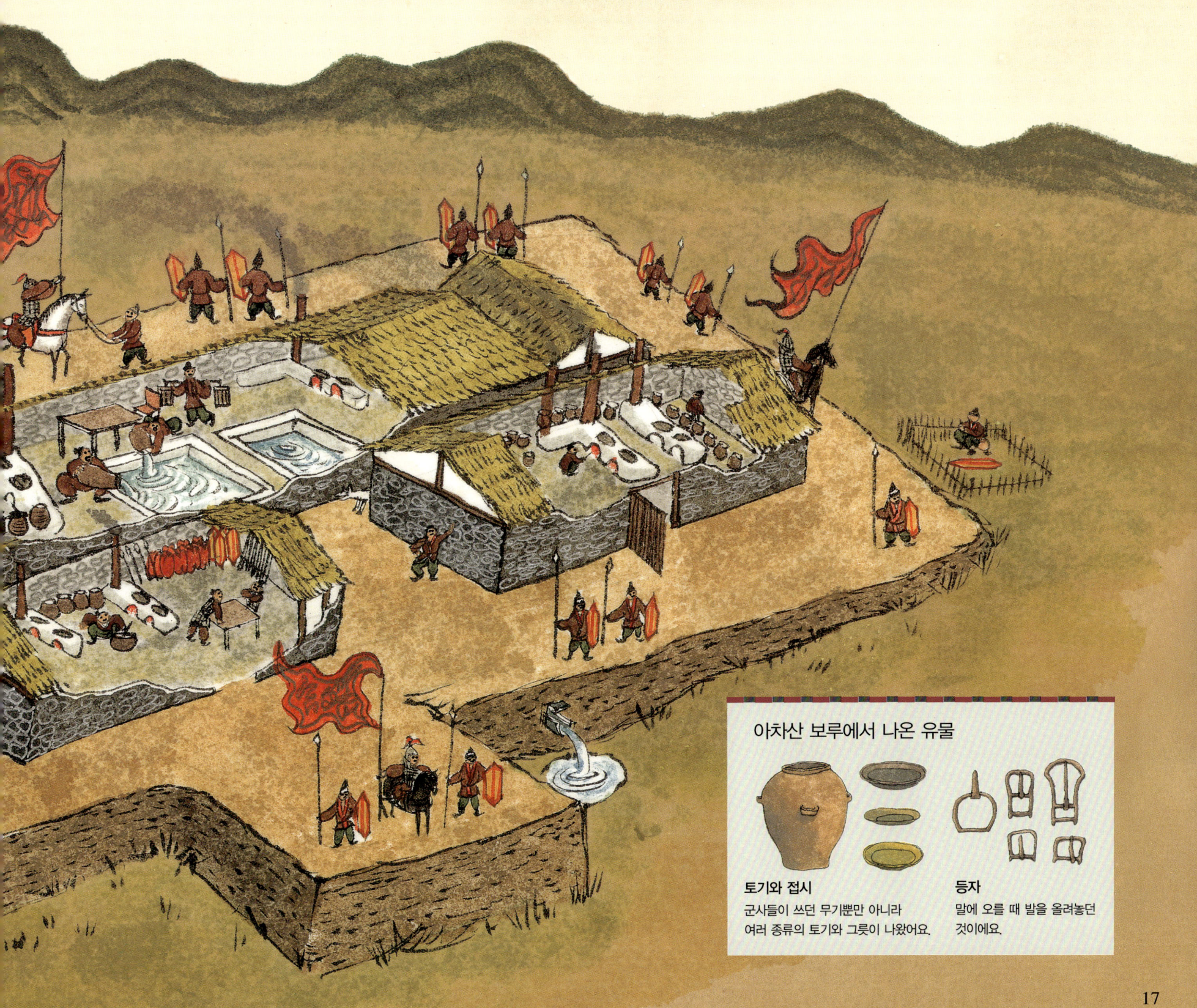

아차산 보루에서 나온 유물

토기와 접시
군사들이 쓰던 무기뿐만 아니라 여러 종류의 토기와 그릇이 나왔어요.

등자
말에 오를 때 발을 올려놓던 것이에요.

흔들리는 고구려

나들이에 나선 고구려 귀족
큰 권력을 쥔 귀족들은 왕 못지않게 화려한 생활을 즐겼어요. 넓은 기와집에서 무사와 여러 시종을 거느리고 살았지요. 바깥 나들이를 할 때에는 소가 끄는 수레를 타고, 시종들이 햇볕을 가리는 일산을 받치고 뒤따랐어요.

권력 다툼으로 나라가 흔들리다

나라 밖으로 힘차게 뻗어 나가는 일이 어느 정도 끝나자, 나라 안에서 싸움이 벌어졌습니다. 21대 문자명왕 때부터 왕의 힘이 약해지더니, 세력이 약한 안장왕이 다른 세력에게 죽임을 당했고, 그 뒤를 이은 안원왕도 큰 병에 걸렸습니다. 귀족들은 누구를 왕으로 세울까 다툼을 벌였습니다. 자신들의 세력 중에 한 명을 왕 자리에 앉히고 더 큰 권력을 휘두르려 한 거지요.

남북 국경이 모두 불안한 고구려
고구려는 신라에 밀사를 보내 한강 유역을 더 내주는 대신 고구려 남쪽 국경을 넘보지 말라는 비밀 약속을 맺었지요. 그리고 백제를 쳐서 한강 남쪽 땅을 되찾은 뒤, 북쪽의 돌궐까지 간신히 막아 냈습니다.

한강 유역을 빼앗기다

551년 고구려 왕실이 한창 혼란스러울 때 남쪽에서 백제와 신라 군대가 쳐들어왔습니다. 두 나라는 재빨리 고구려를 공격하여 한강 유역을 빼앗았습니다. 게다가 몽골 고원에 새로 나라를 세운 돌궐이 자꾸만 고구려의 국경을 침략해 왔습니다.
북쪽의 돌궐을 막으려다 보니, 고구려는 먼저 남쪽 국경을 안정시켜야 했지요. 결국 백제와 신라를 분열시켜 힘을 모은 뒤, 돌궐의 침입을 막는 데 온 힘을 쏟았습니다.

한강 유역을 되찾으려 한 온달

바보라 불리던 온달은 평원왕의 딸인 공주와 혼인하여 용감한 장수로 거듭났어요. 고구려 북쪽의 후주와 싸워 큰 공도 세웠지요. 온달은 신라에 빼앗긴 한강 유역을 되찾으려고 싸움터에 나갔다가, 신라 군사가 쏜 화살에 맞아 목숨을 잃었어요.

안정을 되찾고 전쟁 준비를 하다

25대 평원왕 이후 고구려는 가까스로 안정을 되찾았습니다. 평원왕은 적의 침입을 걱정하여 좀 더 남쪽에 있는 평양성(장안성)으로 도읍을 옮겼습니다.
그 무렵 나라 밖에서 엄청난 소식이 들려왔지요. 589년 수나라가 중국 대륙을 통일하고 주변 나라들을 쓰러뜨리기 시작한 것입니다. 평원왕은 서둘러 나라를 지킬 준비를 하였습니다. 군사를 훈련시키고 먹을 양식도 넉넉하게 모았지요.
이 소식을 듣고 수나라 문제가 편지를 보내 으름장을 놓았습니다.
"고구려가 강하다 한들 어찌 수나라를 이기겠는가?
고구려 왕은 스스로 잘못을 뉘우쳐라!"

평지성과 산성이 한데 어우러진 평양성
586년 평원왕은 안학궁보다 더 남쪽으로 내려와 지금의 평양 시가지인 평양성으로 도읍을 옮겼어요. 이를 장안성이라고도 부르지요. 평양성은 산성과 평지성을 한데 묶어 지었어요. 북쪽에는 모란봉이 가로놓여 있고, 대동강과 보통강이 성을 둘러싸고 흘러 적을 막기 좋았어요.

수나라의 침략

수나라는 점점 고구려를 위협했습니다. 598년 영양왕은 1만 군사를 이끌고
수나라 요서 지방을 공격하여, 고구려를 함부로 보지 못하도록 위협하였습니다.
화가 난 수나라 황제 문제가 30만 군사를 거느리고 쳐들어왔으나,
장마철 홍수 때문에 고구려 땅을 밟아 보지도 못하고 물러났습니다.
612년 또다시 수나라가 쳐들어왔습니다. 이번에는 수 문제의 아들 양제가
100만이 넘는 군사를 이끌고 고구려 공격에 나섰습니다. 하지만 석 달이
지나도록 요동성은 꿈쩍하지 않았습니다.

고구려에서 가장 튼튼한 요동성
북쪽에서 고구려로 들어오려면 반드시 요동성을 거쳐야 해요. 수나라군은 쇠뇌, 운제, 포차 등의 무기를 이용하여 요동성을 공격했지만 고구려군은 무너지지 않았답니다.

살수에서 큰 승리를 거두다

수나라는 작전을 바꾸었습니다. 우중문이 30만 별동대를 이끌고 평양성으로 곧장 쳐들어왔지요. 고구려의 장군 을지문덕은 싸우는 척하면서 물러났습니다. 평양성 가까이 이르렀을 때 수나라 군사들은 매우 지쳐 있었습니다. 이쯤에서 을지문덕은 거짓 항복을 하였습니다.
"군사를 돌이켜 물러가면 우리 임금을 모시고 황제를 찾아가겠다."
말 머리를 돌린 수나라군이 살수(청천강)를 반쯤 건널 즈음, 고구려군은 기다렸다는 듯이 공격을 퍼부었습니다. 간신히 살아서 돌아간 수나라 군사는 고작 2700여 명뿐이었습니다.

살수에 갇힌 수나라 군사들
고구려군은 살수의 수심이 얕은 곳으로 수나라군을 유인하였어요.
강물을 건너던 수나라군은 점점 깊어지는 강물에 빠져 허우적거렸지요.
강둑으로 기어오르던 수나라 군사들은 비 오듯 쏟아지는 화살을 맞고
그대로 쓰러졌어요.

# 역사로 남은 고구려

천리장성의 서쪽 끝, 비사성
중국의 산둥 반도에서 바다를 건너 고구려로 들어올 때 가장 먼저 맞닥뜨리는 성이에요. 사방이 절벽으로 되어 있어 무너뜨리기 힘들었지요.

천리장성을 쌓아라!

수나라는 고구려와 오랜 전쟁을 치른 데다 농민 반란까지 일어나 무너지고, 618년에 당나라가 들어섰습니다. 또 한번 큰 전쟁이 일어날 것만 같은 분위기였지요. 고구려는 당나라와 국경을 맞댄 지역에 천리장성을 쌓기 시작하였습니다. 당나라도 전쟁 준비를 마치고 고구려를 칠 기회만 노렸습니다. 이즈음 고구려 왕실은 둘로 갈라졌습니다. 큰 세력을 지닌 귀족 연개소문은 당나라에 굴복하면 절대 안 된다며 목소리를 높였습니다. 영류왕과 신하들은 전쟁을 피하고 싶었습니다. 그래서 연개소문을 없애기로 마음먹고, 천리장성 공사를 감독하러 떠나라는 명령을 내렸습니다.

천리장성의 위치

631년에 시작하여 647년까지 16년 동안 쌓았어요. 동북쪽 끝 부여성에서 서남쪽 바다 끝 비사성에 이르는 성들을 이었는데, 길이가 천 리나 되었다고 해요.

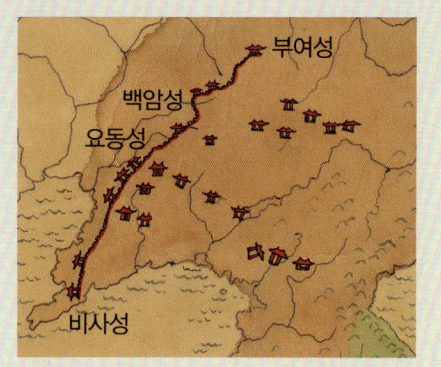

연개소문이 권력을 독차지하다

642년 연개소문은 영류왕과 귀족 백여 명을 죽이고, 보장왕을 새 임금으로 세웠습니다. 이제 왕보다도 더 큰 권력을 휘두르며 당나라에 강하게 맞섰지요.
"임금을 죽인 연개소문을 용서하지 않겠다. 고구려를 쳐라!"
645년 당나라는 이렇게 꼬투리를 잡아 쳐들어왔습니다. 고구려의 성들은 하나씩 뚫렸고, 중요 길목에 있는 안시성마저 내주면 당나라군은 평양성까지 곧장 쳐들어올 판이었습니다. 연개소문이 급히 15만 군사를 보냈으나, 안시성에 닿기도 전에 크게 지고 말았습니다.

당나라의 침입으로 위기를 맞은 고구려
당나라의 육군은 세 갈래로 나누어 쳐들어오고 수군은 바다를 건너왔어요.
고구려의 개모성, 요동성, 비사성, 백암성이 차례차례 무너졌어요.

고구려를 지켜 낸 안시성 전투

당나라군은 안시성을 에워싸고 하루에도 예닐곱 번씩이나 공격을 해 댔습니다. 안시성 사람들은 꿋꿋하게 버텼지요. 성주와 군사, 백성 너나 할 것 없이 똘똘 뭉쳐 성을 지켰습니다. 어느덧 날씨는 추워지고 식량도 떨어져 당나라군은 할 수 없이 물러났습니다.
그 뒤로도 당나라는 끊임없이 고구려를 괴롭혔습니다. 하지만 혼자 힘으로는 고구려를 무너뜨릴 수 없다는 걸 깨닫게 되었지요.

흙산을 빼앗아라!
안시성 사람들이 항복하지 않자, 당나라군은 60여 일 동안 밤낮 없이 안시성 동남쪽 옆에 흙산을 쌓았어요. 흙산의 높이가 성벽을 넘자 그 위에서 성안을 내려다보며 화살을 쏘아 댔는데, 며칠 뒤 한 귀퉁이가 허물어져 성벽을 덮쳤어요. 이때 고구려 군사들이 우르르 몰려나와 흙산을 빼앗았어요.

평양성이 열리다

큰 전쟁을 두 번씩이나 치르고 나니, 고구려는 힘이 약해졌습니다. 신라와 손을 잡은 당나라는 백제를 무너뜨리고 고구려를 공격해 왔습니다. 그런데도 고구려 왕실과 귀족들은 하나로 뭉치지 않았습니다. 연개소문이 죽은 뒤 그의 세 아들을 앞세워 권력 다툼만 벌였지요. 668년 신라와 당나라 군대는 평양성까지 쳐들어왔습니다. 고구려는 두 나라의 줄기찬 공격에 맞서 한 달 동안 버티다가, 끝내 평양성 문을 열어 항복하고 말았습니다.
압록강 가에서 주몽이 나라를 세운 뒤 700년 동안이나 역사를 이어 온 고구려가 무너진 것입니다.

고구려의 집안 싸움

연개소문은 세 아들에게 절대 벼슬을 다투지 말라는 유언을 남기고 죽었어요. 맏아들 남생이 가장 높은 벼슬자리에 올랐지만, 동생 남건과 남산이 남생의 자리를 가로챘어요. 배반당한 남생은 당나라로 가서 조국 고구려를 치는 데 힘을 보탰어요. 고구려는 집안 싸움 때문에 제대로 나라를 지킬 수 없었지요.

불타는 평양성
적의 공격에 한 번도 뚫리지 않던 평양성 문이 마침내 열리고 말았어요. 신라와 당나라 군대는 성안으로 들어가 사람들을 마구 짓밟고 마을에 불을 질렀어요. 불길은 자그마치 넉 달 동안이나 계속 타올랐다고 해요.

고구려를 되살리자!

고구려의 보장왕과 귀족들은 당나라로 끌려가고, 많은 백성들은 당나라 노예가 되었습니다. 당나라는 평양에 자기 나라 관청까지 두고 고구려 땅을 직접 다스리려 하였습니다. 물론 고구려 사람들은 가만있지 않았지요. 당나라에 맞서 싸우며 나라를 다시 일으키려 하였습니다. 그러나 끝내 나라를 다시 세우지 못하고 신라, 말갈, 돌궐로 뿔뿔이 흩어졌습니다.
고구려가 망하고 30년이 흐른 뒤, 옛 고구려 땅에 남은 사람들은 나라 잃은 설움을 떨쳐 내고 새 나라를 세웠습니다. 바로 고구려의 정신을 이은 발해입니다.

고구려 부흥 운동
고구려를 되살리려는 운동이 여기저기서 일어났어요.
검모잠은 왕족 안승을 왕으로 세우고 신라와도 힘을 합쳐 당나라에 맞섰어요.
보장왕은 당나라에서 벼슬을 받았지만 요동으로 돌아와 말갈족과 힘을 합쳤어요.
하지만 당나라에 들키는 바람에 다시 끌려갔지요. 안시성과 요동성 곳곳에 남아
있던 사람들도 힘차게 싸웠어요.

■■ **사진 출처 및 제공처**

표지·연표 광개토왕릉비_시몽포토 | 호우총 호우_국립중앙박물관(중박200801-016) | 고구려 투겁창과 화살촉_서울대학교 박물관 | 대장장이 신_(주)사계절출판사 | 평양성 성돌, 철제 투구_《조선유적유물도감》

※ 이 책에 사용한 모든 자료의 출처를 밝히기 위해 최선을 다했습니다. 빠지거나 잘못된 점을 알려 주시면 바로잡겠습니다.

■■ **일러두기**

· 〈삼국사기〉 본기의 내용을 따랐습니다. 그래서 같은 내용이 〈삼국유사〉와 다를 수 있습니다.
· 맞춤법, 띄어쓰기는 국립국어연구원에서 펴낸 〈표준국어대사전〉을 기준으로 삼았습니다.
· 외국 인명, 지명은 국립국어연구원에서 펴낸 〈외래어 표기 용례집〉을 따랐습니다. 단, 중국 지명은 현지음에 따랐습니다.
· 역사 용어는 교육인적자원부에서 펴낸 〈교과서 편수자료〉에 따르되, 어려운 용어는 쉽게 풀어 썼습니다.
· 옛 지명은 ( ) 안에 현재 지명을 함께 적었습니다.
· 연도나 월은 1895년 태양력 사용을 기점으로 이전은 음력으로, 이후는 양력으로 표기했습니다.

탄탄 뿌리깊은 삼국사기 그림으로 보는 고구려 역사 2

펴낸이 김동휘 | 펴낸곳 여원미디어(주) | 주소 경기도 파주시 회동길 130(문발동) 탄탄스토리하우스
출판등록 제406-2009-0000032호 | 고객상담실 080-523-4077 | 홈페이지 www.tantani.com
글 이흔 | 그림 이우창 | 감수 김영심 | 기획 아우라, 이상임 | 총괄책임 김수현 | 편집장 이정희 | 기획 편집 최순영, 김희선
디자인기획 여는 | 아트디렉터 김혜경, 이경수 | 디자인 이희숙, 정혜란, 김윤신 | 사진진행 시몽 포토에이전시
제작책임 정원성

판매처 한국가드너(주) | 마케팅 김미영, 오영남, 전은정, 김명희, 이정희

©여원미디어 2008 ISBN 978-89-6168-175-9 ISBN 978-89-6168-209-1(세트)

※이 책은 저작권법에 따라 보호받는 저작물이므로, 무단으로 이 책 내용의 전부 또는 일부를 복사, 복제, 배포하거나 전산장치에 저장할 수 없습니다.
⚠ 주의 1. 책 모서리가 날카로워 다칠 수 있으니 사람을 향해 던지거나 떨어뜨리지 마십시오. 2. 보관 시 직사광선이나 습기 찬 곳은 피해 주십시오.